VITO MIGNOZZI

DISCERNIMIENTO
COMUNITARIO

UN RETO "EN EL CORAZÓN"
DE LA SINODALIDAD ECLESIAL

Aporte pastoral:
SERENA NOCETI

CLARET
PUBLISHING GROUP

Bangalore • Barcelona • Buenos Aires • Chennai • Colombo
Dar es Salaam • Hong Kong • Lagos • Madrid • Macao • Manila
Owerri • São Paulo • Warsaw • Yaoundè

Dirección de colección: Serena Noceti y Rafael Luciani
Aporte pastoral: Serena Noceti
Diseño de interior y tapa: Equipo Editorial Claretiana

Con las debidas licencias eclesiásticas.

ISBN: 978-84-7966-824-2
Depósito Legal: M-17448-2025

Impreso en España - Printed in Spain
Imprime: Estugraf

ÍNDICE

ÍNDICE DE SIGLAS

CTI, *Sin* Comisión Teológica Internacional,
La sinodalidad en la vida y en la misión de la Iglesia

DP *Documento preparatorio* del Sínodo 21/24

DF *Documento final* de la segunda sesión
de la XVI Asamblea General Ordinaria del
Sínodo de los Obispos

QA *Querida Amazonia*

EG *Evangelii gaudium*

UR *Unitatis redintegratio*

LG *Lumen gentium*

AAS *Acta Apostolicae Sedis*

Ag *Ad gentes*

AS *Acta Synodalia Vaticano II*

DV *Dei Verbum*

CD *Christus Dominus*

EN *Evangelii nuntiandi*

ApS *Apostolos suos*

AA *Apostolicam actuositatem*

EC *Episcopalis communio*

INTRODUCCIÓN
A LOS CUADERNILLOS DE SINODALIDAD

Escanea este código QR para conocer más acerca de la colección.

Desde el inicio de su pontificado, el papa Francisco convocó a la Iglesia a seguir un camino de renovación y reforma misionera y sinodal. Trabajando primero con cambios en la práctica de la celebración de los Sínodos de los Obispos, y luego ofreciendo motivaciones y orientaciones en discursos y documentos, particularmente en la constitución *Episcopalis communio*, nos invita a madurar una visión sinodal de Iglesia, porque "El camino de la sinodalidad es el camino que Dios espera de la Iglesia del tercer milenio"[1].

En 2021 se inició un complejo y articulado proceso sinodal: un Sínodo sobre la Sinodalidad que —a partir de la escucha en las diócesis de todo el mundo y a través de una fase continental y dos asambleas en Roma— está implicando a todos los fieles y a todas las iglesias locales del mundo[2].

El *Informe de síntesis* de la Asamblea sinodal de octubre de 2023 incluye entre sus peticiones la de llegar a una definición más precisa de la sinodalidad. En efecto, los estudios realizados desde la década de 1990 y los numerosos publicados en los últimos diez años presentan diferentes maneras de entender el concepto de "sinodalidad" y hacen hincapié en distintos elementos y perspectivas a la hora de pensar en la "Iglesia sinodal". Como señalan muchos autores, el término "sinodalidad" no pertenece al vocabulario del Concilio Vaticano II ni está presente en el Código de Derecho Canónico de 1983.

El documento de 2018 de la Comisión Teológica Internacional *La sinodalidad en la vida y misión de la Iglesia* nos ofrece una visión de conjunto del tema, dividida en cuatro partes, dedicadas respectivamente al tema en la Escritura, la Tradición

---

1. FRANCISCO, *Discurso con motivo de la Conmemoración del 50 aniversario de la Institución del Sínodo de los Obispos*, 17 de octubre de 2015: AAS 107 (2015) 1139.

2. Todos los materiales están disponibles en www.synod.va.

y la Historia (primera parte); a los fundamentos teológicos en el horizonte de la eclesiología del Vaticano II (segunda parte); a las orientaciones pastorales para la realización de una pastoral sinodal y para la necesaria conversión y espiritualidad (partes tercera y cuarta). Este documento constituye un valioso punto de referencia para todos, para los teólogos, para los obispos y presbíteros, para todos los bautizados y bautizadas que emprenden este laborioso y valioso camino sinodal. En los últimos años se han publicado numerosos textos teológicos, libros y artículos en muchas lenguas dedicados al tema de la sinodalidad, que han permitido profundizar en cuestiones históricas, litúrgicas y pastorales. Cada vez es más necesario profundizar en este tema no solo con textos científicos, dirigidos a expertos, sino con subsidios ágiles y populares que ayuden a todos a ser sujetos activos en el camino; como decía Ignacio de Antioquía en el siglo II, para que todos sean *sýnodoi*, es decir, "compañeros de viaje, en virtud de su dignidad bautismal y amistad con Cristo"[3].

Así surgió la idea de los *Cuadernillos de Sinodalidad*: ofrecer libros breves, escritos por expertos, que combinen una reflexión teológico-sistemática esencial sobre distintos aspectos de la sinodalidad con sugerencias operativas, para la reflexión personal y la renovación pastoral, que permitan "llegar a ser una Iglesia sinodal". En efecto, para comprender lo que significa ser una "Iglesia sinodal" no basta con aprender teóricamente, con leer documentos o manuales, sino que es necesario implicarse activamente y aprender *en la praxis* y *desde la reflexión sobre la praxis* en qué consiste, qué implica y, en definitiva, qué significa la sinodalidad.

La perspectiva adoptada es la de una "iniciación a la sinodalidad". En la iniciación cristiana de los adultos, junto al *camino del conocimiento y la comprensión de la doctrina*, de los contenidos de la fe, los catecúmenos son conducidos a "hacerse cristianos" siguiendo el *camino de la oración* (aprender el lenguaje litúrgico experimentándolo), el *camino de la vida comunitaria* y el *camino del servicio del amor*, que está en el corazón de la conversión moral. Del mismo modo, después de recibir los sacramentos de la iniciación cristiana, en el tiempo de la *mistagogía* se comprende profunda y vitalmente lo que ha tenido lugar porque se vive un período de "aprendizaje", en el que la novedad que ha generado el sacramento llega a confrontarse con la vida concreta y con la Palabra de Dios que la ilumina. Llegar a ser "Iglesia sinodal" requiere una "iniciación a la sinodalidad" que implica

---

3. COMISIÓN TEOLÓGICA INTERNACIONAL, *La sinodalidad en la vida y la misión de la Iglesia*, nº 25.

a cada cristiano y a las comunidades en su conjunto: es una experiencia que hay que vivir y una experiencia sobre la que hay que reflexionar. Uno se convierte en *sýnodoi* y en "Iglesia sinodal" si vive de esta manera, convirtiéndose cada vez más profundamente a esta perspectiva y transformando nuestras comunidades en esta dirección. Se llega a ser sinodal construyendo comunidades sinodales: la conversión, la renovación y la reforma están estrechamente relacionadas; no hay una sin la otra. No se trata solo de tener buenas ideas sobre la sinodalidad para aplicarlas; maduran en la medida en que se viven y se apoyan en estructuras y formas organizativas adecuadas.

Por eso, cada *Cuadernillo de Sinodalidad* se divide en dos partes:

» un tratamiento del tema ("Pensar - Comprendiendo la sinodalidad") que iden-
    tifica hitos, recogiendo lo que han escrito biblistas, teólogos, pastoralistas,
    que examina retos y cuestiones abiertas y los aborda a la luz de la Escritura y
    de los documentos del Magisterio;

» una parte ("Iniciación a la sinodalidad") que ofrece propuestas concretas en
    tres líneas interconectadas: *conversión* sinodal (una propuesta de reflexión y
    oración a realizar personalmente), *renovación* eclesial en perspectiva sinodal
    (una propuesta de experiencia a vivir en una comunidad, parroquia, etc.) y
    reforma sinodal (una o dos propuestas para crear o cambiar estructuras pas-
    torales de modo que sean real y efectivamente sinodales).

En la lógica de la "iniciación a la sinodalidad", en los Cuadernillos se profundizará acerca de los *sujetos*, las *dinámicas* dentro de una Iglesia sinodal y las *estructuras* necesarias. El primer Cuadernillo (nº 0), redactado por los dos editores Rafael Lu-ciani y Serena Noceti, ofrece una visión general del tema de la sinodalidad.

Cada cuadernillo puede ser leído-utilizado por sí mismo, o puede formar parte de un itinerario formativo, "iniciático", para una comunidad religiosa, una parroquia, una diócesis, uniendo varios cuadernillos según las diferentes sensibilidades o necesi-dades pastorales de una comunidad cristiana. Por ejemplo, una parroquia podría crear un itinerario uniendo los *Cuadernillos* sobre los laicos, sobre el *sensus fidei* y la participación, sobre la parroquia sinodal; un consejo presbiteral podría encontrar útil reflexionar sobre el ministerio ordenado, sobre el poder y la autoridad, sobre el seminario o sobre la reforma del derecho canónico, etc.

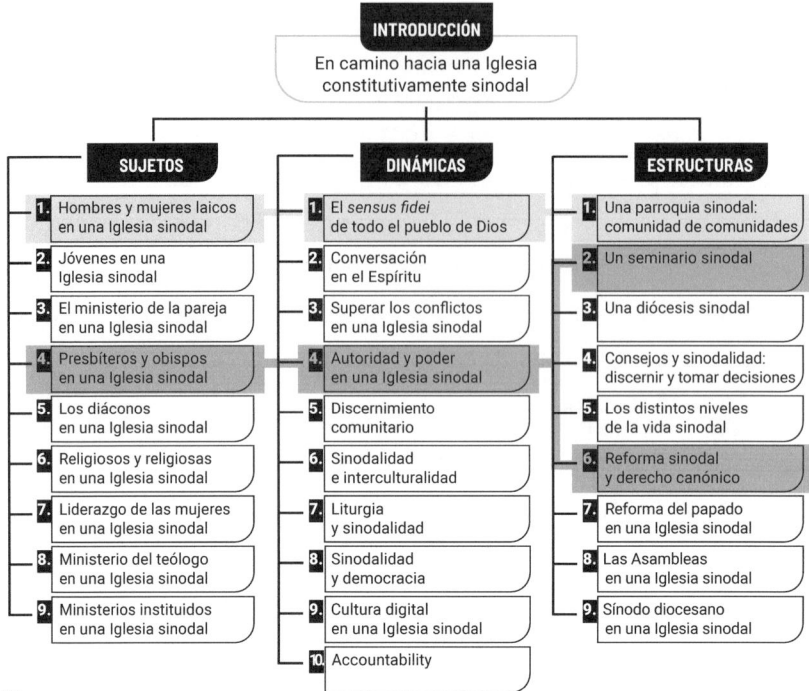

INTRODUCCIÓN
En camino hacia una Iglesia constitutivamente sinodal

SUJETOS

1. Hombres y mujeres laicos en una Iglesia sinodal
2. Jóvenes en una Iglesia sinodal
3. El ministerio de la pareja en una Iglesia sinodal
4. Presbíteros y obispos en una Iglesia sinodal
5. Los diáconos en una Iglesia sinodal
6. Religiosos y religiosas en una Iglesia sinodal
7. Liderazgo de las mujeres en una Iglesia sinodal
8. Ministerio del teólogo en una Iglesia sinodal
9. Ministerios instituidos en una Iglesia sinodal

DINÁMICAS

1. El *sensus fidei* de todo el pueblo de Dios
2. Conversación en el Espíritu
3. Superar los conflictos en una Iglesia sinodal
4. Autoridad y poder en una Iglesia sinodal
5. Discernimiento comunitario
6. Sinodalidad e interculturalidad
7. Liturgia y sinodalidad
8. Sinodalidad y democracia
9. Cultura digital en una Iglesia sinodal
10. Accountability

ESTRUCTURAS

1. Una parroquia sinodal: comunidad de comunidades
2. Un seminario sinodal
3. Una diócesis sinodal
4. Consejos y sinodalidad: discernir y tomar decisiones
5. Los distintos niveles de la vida sinodal
6. Reforma sinodal y derecho canónico
7. Reforma del papado en una Iglesia sinodal
8. Las Asambleas en una Iglesia sinodal
9. Sínodo diocesano en una Iglesia sinodal

––––––
(*) Ejemplos de "itinerarios formativos" para distintas comunidades/realidades eclesiales.
En este caso, para una parroquia y para un consejo presbiteral.

La propuesta de los *Cuadernillos* pretende conjugar un tratamiento orgánico de las cuestiones y temas más relevantes para ofrecer una visión lo más completa posible de la materia, con la flexibilidad y sencillez de uso: cada consejo pastoral, cada párroco, cada obispo, cada superior religioso puede encontrar sugerencias y materiales que respondan y se adecuen a las necesidades específicas y diversas de la comunidad de la que son animadores y responsables.

Como nos recuerda el documento de la Comisión Teológica Internacional sobre la sinodalidad, citando al papa Francisco,

> Caminar juntos [...] es el *camino constitutivo de* la Iglesia; *la figura* que nos permite interpretar la realidad con los ojos y el corazón de Dios; *la condición* para seguir al Señor Jesús y ser servidores de la vida en este tiempo herido. El aliento y el paso sinodal revelan lo que somos y el dinamismo de comunión que anima nuestras decisiones. Solo en este horizonte podremos renovar verdaderamente nuestra pastoral y adaptarla a la misión de la Iglesia en el mundo de hoy; solo así podremos afrontar la complejidad de este tiempo, agradecidos por el camino recorrido y decididos a continuarlo con *los feligreses* (n. 120).

Serena Noceti - Rafael Luciani

PRIMERA PARTE
DISCERNIMIENTO
COMUNITARIO

Escanea este código QR para conocer más acerca de este Cuadernillo.

INTRODUCCIÓN
DEL "QUÉ" AL "CÓMO":
LA CUESTIÓN DEL DISCERNIMIENTO

La palabra "discernimiento" evoca, en el lenguaje común, una serie de significados y realidades que, al abrir este *enfoque*, merece al menos la pena recordar. "Discernimiento vocacional", "discernimiento moral", "discernimiento de espíritus"... son solo algunas de las expresiones que, en el ámbito eclesial, son recurrentes desde hace tiempo para describir una realidad heterogénea y transversal —la del discernimiento, en efecto— que toca, en sentido amplio, numerosos ámbitos de la vida personal del cristiano. En el trasfondo está, en todo caso, la cuestión de *lo que* el individuo puede o debe hacer con respecto a cada una de las realidades que acabamos de mencionar, sin perjuicio de la ineludible dificultad de responderla.

Esta experiencia cristiana estrictamente personal del discernimiento puede y debe estar flanqueada por una forma comunitaria del mismo, que ya no concierne (solo) a la existencia creyente del individuo —en cualquiera de las facetas que se acaban de mencionar u otras aún posibles—, sino a la estructura eclesial en su conjunto[4]. Esto significa decir, en otras palabras, que el discernimiento no es solo un camino obligado para el cristiano que, ante Dios, pretende responder con claridad vital a la pregunta sobre su vocación o su vida moral o su vida espiritual, etc.; el discernimiento se perfila también, cada vez más, como el camino principal para una comunidad cristiana que quiere existir como tal en la historia y en el mundo.

Como se indica en el reciente *Documento final* publicado al término de la segunda sesión de la XVI Asamblea General Ordinaria del Sínodo de los Obispos (del 2 al 27 de octubre de 2024), se trata de ese "discernimiento que, en cuanto ejercido por el Pueblo de Dios con vistas a la misión, podemos calificar de 'eclesial'"[5]. Se trata de un tema al que, de manera particular, el texto que acabamos de citar dedica su tercera parte a la cual nos referiremos en nuestro estudio en profundidad[6].

También en este caso, por tanto, aparece decisiva una pregunta: ¿qué hacer, como comunidad, para seguir siendo y ser cada vez más la Iglesia de Jesús? Se trata ciertamente de una pregunta ineludible que ha guiado —en más de dos milenios de vida de la comunidad cristiana— sínodos y concilios más o menos formalizados, asambleas, encuentros, órganos de participación... un cuestionamiento incansable que nos ha conducido hasta nuestros días y que, sin embargo, en el *aquí y ahora,* pide resonar con toda su fuerza provocadora y, a partir de las numerosas solicitudes que esta historia nos dirige, volver a despertarse en formas cada vez más fieles al ser de la Iglesia tal como el Señor la quiso.

---

4. De hecho, es importante subrayar aquí que, en cualquier caso, "el *discernimiento personal tiene una dimensión eclesial intrínseca e ineludible.* [...] Recíprocamente, el *discernimiento eclesial implica necesariamente una implicación personal*" (D. Moretto, "Alcuni spunti per una sguardo di insieme sul percorso", en E. Bordello - V. Mignozzi - D. Moretto [eds.], *Il discernimento. Significati, modelli, processi*, Edizioni Camaldoli, Camaldoli 2018, 253-254 [cursiva en el texto]).

5. XVI Asamblea General Ordinaria del Sínodo de los Obispos, *'Hacia una Iglesia sinodal: comunión, participación, misión'. Documento final de la segunda sesión (2-27 de octubre de 2024)*, en <https://press.vatican.va/content/salastampa/it/bollettino/pubblico/2024/10/26/0832/01659.html#doc> (consultado el 19/11/2024), n. 81 (en adelante *Documento final*).

6. Como se explica en el nivel introductorio, de hecho, "la tercera [parte del *Documento,* ed.], *'Echar la red',* identifica tres prácticas que están íntimamente relacionadas: el discernimiento eclesial, los procesos decisionales y una cultura de la transparencia, la rendición de cuentas y la evaluación. También con respecto a estas se nos pide que iniciemos caminos de 'transformación misionera', para lo cual urge una renovación de los órganos de participación" (*Documento final*, nº 11).

En este *enfoque* sobre el discernimiento comunitario, por tanto, una pregunta fundamental nos conducirá entre las líneas del texto: ¿*cómo* plantear correctamente —es decir, desde una perspectiva auténticamente eclesial— la cuestión de *qué* hacer, como comunidad de discípulos de Cristo, para ser —y seguir siendo— verdaderamente Iglesia?

1. UN MODELO BÍBLICO DEL DISCERNIMIENTO ECLESIAL: RELECTURA CRÍTICA DE HECHOS 15

Las páginas de la Escritura están llenas de narraciones de procesos que condujeron a opciones y que determinaron puntos de inflexión o generaron nuevos comienzos[7]. Queriendo seleccionar solo un ejemplo que sirva de modelo bíblico de un acto de discernimiento eclesial, resulta casi espontáneo abrir las páginas del libro de los *Hechos de los Apóstoles* y referirse al relato con el que el autor, en el capítulo 15, describe el modo en que la Iglesia primitiva decide qué hacer con los paganos que aceptan el anuncio del Evangelio y se convierten a la fe cristiana[8]. No es casualidad que el citado *Documento final* también

---

7. Para una visión concisa del discernimiento en el Nuevo Testamento, cf. J.-N. Aletti, "The Exercise of Discernment in the New Testament", en A. Matthew (ed.), *Discernimiento. "¿No sabéis valorar este tiempo?" (Lc 12,56)*, Urbaniana University Press, Ciudad del Vaticano 2018, 59-70; por lo que respecta al Antiguo Testamento, en cambio, cf. D. Scaiola, "El ejercicio del discernimiento en el Antiguo Testamento", en *Ibidem*, 43-58.

8. Para un estudio exegético en profundidad de la perícopa —a título meramente ejemplificativo y por orden cronológico—, cf. F. Bianchi, *Atti degli Apostoli*, Città Nuova, Roma 2003, 167-179; G. Rossé (ed.), *Atti degli Apostoli. Introducción, traducción y comentario*, San Paolo, Cinisello Balsamo 2010, 178-188; C.S. Keener, *Acts. An Exegetical Commentary*, III: *15:1-23:35*, Baker Academic, Grand Rapids 2014, 2194-2296; J. D. G. Dunn, *The Acts of the Apostles*, Eerdmans Publishing Company, Grand Rapids 2016, 195-211. Para una relectura más actual del texto de los *Hechos* desde una perspectiva sinodal, sin embargo, pueden verse —por ejemplo— las siguientes contribuciones bastante recientes (enumeradas aquí por orden de publicación): D. Garribba, "Synodal praxis in the early communities: the case of *Acts* 15", en N. Salato (ed.), *La sinodalità al tempo di papa Francesco*, 1: *Una chiave di lettura storico-dogmatica*, EDB, Bolonia 2020, 73-83; M. Girolami, "*Atti* 15: un inizio di prassi sinodale nella chiesa nascente?", *Studia Patavina* 68 (2021) 15-26; A. Barbi, "Iglesia sinodal y conflictos. The lesson of the early church", *CredereOggi* 42 (2022) 1, 42-56 (con una mirada más amplia a todo el libro de los *Hechos de los Apóstoles*); P. Basta, "Acts 15: The First Great Christian *Mahloqet*", *Urbaniana University Journal* 76 (2023) 3, 189-217; M. Beirne, "Acts 15. A Model for a Spirit-led Synod process", *Gregorianum* 105 (2024) 283-298.

haga referencia explícita a él al comienzo de los párrafos dedicados al tema del discernimiento eclesial, cuando recuerda que, "para promover relaciones capaces de sostener y orientar la misión de la Iglesia, es una exigencia prioritaria ejercitar la sabiduría evangélica que permitió a la comunidad apostólica de Jerusalén sellar el resultado del primer acontecimiento sinodal con las palabras: 'Hemos decidido, el Espíritu Santo y nosotros' (Hch 15,28)"[9].

Ahora, siguiendo la narración lucana, vemos lo necesario que es —en primer lugar— convencer a los propios discípulos de que el anuncio del Evangelio es también para los gentiles. Y esto requiere dos visiones, una de Cornelio y otra de Pedro, así como una efusión extraordinaria del Espíritu, como en un segundo Pentecostés. Sobre todo, el episodio de Cornelio (Hch 10) genera una crisis con respecto a las concepciones a las que había llegado la comunidad de creyentes, ya que el Espíritu se derramó sobre los gentiles del mismo modo que había descendido sobre los judíos. La confirmación de tal ampliación de perspectivas viene dada por lo que sucede en Antioquía, donde algunos discípulos comienzan a hablar a los griegos y donde los creyentes son reconocidos como cristianos, distinguiéndose así claramente de los judíos. Precisamente en esa ciudad, tras un fuerte enfrentamiento con los judíos, Pablo y Bernabé se dirigen a los paganos, que con gran alegría aceptan la palabra del Señor (Hch 13,44-52). Los hechos ya están claros; se ha producido el punto de inflexión pero, sin embargo, la Iglesia siente la necesidad de reunirse para tomar una decisión clara sobre qué hacer con los paganos que se convierten. De hecho, se formaron dos bandos; ambos, convencidos de ser fieles a la voluntad de Dios y al Espíritu: por un lado los conversos del paganismo, para quienes el don del Espíritu no iba acompañado de la obligación de circuncidarse, y por otro los creyentes de la Torá, convencidos de que quien no se circuncidara quedaba excluido de la salvación. Había que tomar una decisión, pues la oposición era fuerte y el riesgo de división no incierto. Para reconocer la voluntad de Dios y decidir en consecuencia, había que discernir. En este sentido, se reconoce a la asamblea convocada la capacidad de llevar a cabo este proceso y tomar decisiones vinculantes (Hch 15).

Podríamos decir, sin duda, que se trata de una de las primeras etapas de este cuestionamiento eclesial sobre *qué* hacer como Iglesia, respecto a una cues-

---

9. *Documento final*, n. 81.

tión que aparece cada vez más trabada y controvertida, para seguir siendo Iglesia. Ante este ejemplo primitivo de discernimiento comunitario, por tanto, nos preguntamos: ¿*cómo* lo vivió la comunidad?

1.1. Algunas premisas necesarias: el camino hacia el discernimiento eclesial

El contraste real como punto de partida de un proceso comunitario

El primer elemento que emerge de la historia es una divergencia inicial de opiniones: el discernimiento comienza aquí. Hay una confrontación —que, a veces, parece surgir como un choque— entre ideas diferentes, que nacen de forma instintiva, espontánea. Una situación así, más que una llamada de atención sobre una posible división, parece un indicador de dirección hacia las verdaderas cuestiones que hay que discernir comunitariamente. Es precisamente cuando la comunidad podría dividirse cuando el proceso de discernimiento pide ser activado también de forma —por así decirlo— "extraordinaria": es el momento en que "se percibe que está en juego toda la vida de la Iglesia, una nueva comprensión de su misterio y de la obra de Dios, de la que deben brotar nuevas prácticas y, por tanto, una nueva forma para el pueblo de los creyentes: por todas estas razones se decide reunirse en asamblea"[10].

Por otra parte, hay que subrayar que "disentir y discutir acaloradamente" (Hch 15, 2) no es todavía discernimiento: más bien, estamos aún en el nivel de las premisas. Esto es importante aclararlo y subrayarlo en todas las épocas de la vida eclesial. La discusión no es el discernimiento, sino la condición que inicia el discernimiento. A veces, de hecho, los procesos de discernimiento comunitario se entienden como fracasos precisamente porque se acaba identificando —erróneamente— el discernimiento con una animada divergencia de opiniones; pero, si uno se instalara en ese nivel, el supuesto "discernimiento comunitario" resultaría ser un fracaso desde el principio. No es este el caso en el relato de los *Hechos de los Apóstoles*: hay discusión, confrontación —y choque— de opiniones instintivas y divergentes, hasta que se decide *conjuntamente* iniciar un

---

10. S. Segoloni Ruta, "Iglesia y sinodalidad", en E. Bordello - V. Mignozzi - D. Moretto (eds.), *Il discernimento*, 187.

proceso comunitario de discernimiento enviando a Jerusalén a Pablo, Bernabé y otros de entre ellos. En el griego de *Hechos* el tema de "establecer" es, de hecho, plural: se trata del primer acto verdaderamente comunitario que revela lo decidida que está toda la comunidad a resolver esta cuestión, más allá de las "partes" individuales. Podríamos decir que la voluntad común de emprender el proceso de discernimiento comunitario, con vistas a resolver una cuestión controvertida, es ya una superación de la lógica partidista. En este sentido, una comunidad dejaría de ser Iglesia si se mantuviera en posiciones consideradas irresolublemente opuestas en relación con cuestiones importantes de su vida; más bien, esto sería una derrota, además de socavar la necesidad y la importancia del propio discernimiento. Iniciar juntos un proceso de este tipo, por el contrario, habla del deseo de permanecer como una comunidad unida, superando la tentación de la división.

Ampliar la perspectiva: de una realidad estrecha al aliento eclesial

Así pues, del relato se desprende un segundo aspecto: el verdadero discernimiento debe experimentarse en otra parte, no en el lugar mismo de la crisis. Los elegidos, de hecho, van a Jerusalén para resolver el asunto, sugiriendo esa necesaria distancia que, de no estar allí, impediría la posibilidad de una confrontación serena y fructífera. Junto a esto, el cambio de lugar indica también otro elemento útil para definir el *cómo* del discernimiento: ningún hecho eclesial es nunca solo un problema local, aunque aparentemente se presente como tal. La comparación con otras realidades eclesiales —en el relato de los *Hechos de los Apóstoles*, en particular, con la Iglesia madre de Jerusalén— estimula la comparación y parece decisiva para vivir un auténtico discernimiento eclesial.

En esta elección, sin embargo, surge con fuerza otro aspecto: aunque la cuestión está bastante extendida en la comunidad y concierne, en cierto modo, a todos, corresponde a algunos —en representación de todos— ir a intentar resolverla. Se trata de una lógica representativa que dice que no hay ningún deseo de imponerse ni de imponer las propias personas u opiniones, sino solo el deseo de resolver una cuestión por el bien de la Iglesia. En este pasaje, todo habla, en definitiva, de una "ampliación" del conflicto, que permite ir más allá de los intereses meramente partidistas o personales, enmarcando la cuestión en el contexto propiamente eclesial, que es siempre más amplio.

Narrar con alegría la obra de Dios, preservar la armonía en la Iglesia

Un tercer aspecto, pues, nos lo ofrecen las modalidades del viaje. En primer lugar, es interesante observar que los enviados, durante el largo viaje, se empeñan en preservar su asombro ante la obra de Dios; parecen muy diferentes de los que, solo un verso antes, "disentían y discutían animadamente": ahora prevalece el sentimiento de alegría, lo que sugiere que la narración de la obra de Dios y la preservación de un ambiente sereno en la Iglesia son condiciones necesarias para que el proceso de discernimiento se inicie adecuadamente. Aunque la cuestión, por tanto, aún no está zanjada, preservar la alegría parece surgir aquí como una posibilidad y, en algunos aspectos, como un deber.

El subrayado de ser acogido "por la Iglesia" (Hch 15,4) abre, pues, otra ventana a nuestra reflexión: es la Iglesia —como se desprende de Hch 15,3— la que proporciona lo necesario para el camino, es la Iglesia la que acoge... la cuestión interesa a toda la comunidad, no solo a algunos, y el autor de los *Hechos de los Apóstoles* parece subrayar casi insistentemente la importancia de este trasfondo eclesial para el proceso de discernimiento. Puede haber diferentes opiniones comparadas, pero es toda la Iglesia la que inicia este proceso, es toda la Iglesia la que lo apoya, es toda la Iglesia la que lo acoge.

En Hch 15,5, por tanto, el clima de alegría parece quebrarse una vez más por la fatiga de un discernimiento que, a estas alturas, ya ha comenzado: al relato de Pablo y Bernabé, fruto de su experiencia personal (e inesperada) de lo sucedido en la predicación del Evangelio, se opone la opinión de algunos "de la secta de los fariseos" que, basándose en su origen judío, sostienen una idea que parece lapidaria y —por así decirlo— más asertiva que narrativa. Conociendo el desenlace de la historia, que tenderá —aunque en la búsqueda de un cierto compromiso, como veremos— a favor de los primeros, podemos también en nuestro discurso tratar de comparar dos formas distintas de abordar el discernimiento comunitario. Por un lado, la que podríamos llamar "narrativa", propia de Pablo y Bernabé, que tiene su origen —según el texto de los *Hechos*— no en una opinión, sino en una experiencia que ellos mismos vivieron, además con cierto estupor, en obediencia al mandato de anunciar el Evangelio; una experiencia ligada al encuentro con la gente y "validada" por una alegría generalizada, signo inequívoco del encuentro con Cristo. En cambio, una modalidad "asertiva" se erige casi como un muro impenetrable: es la de la opinión que, carente de motivaciones existenciales, aparece vinculada solo a un pre-juicio individual; una mera idea, es decir, arraigada en el pasado y, precisamente, en la propia experiencia subjetiva anterior al encuentro con Cristo, y que no ha sido tocada en modo alguno por el contacto con los demás ni "contagiada", de forma positiva, por la alegría que desprende el Evangelio. Visto al revés, la comparación entre estos dos modos —¡y no opiniones!— aparece ya como un punto altamente indicativo respecto a cómo discernir comunitariamente.

1.2. El largo proceso de discernimiento eclesial: entre palabras, silencios y escritos

El discurso "autoritario" de Pedro como modelo comunicativo (Hch 15,7-11)

El extenso discurso de Pedro, si bien no resuelve aún definitivamente la cuestión, nos orienta hacia ese modo narrativo ahora apenas insinuado, hasta el punto de que, en Hechos 15,12, Pablo y Bernabé retoman los hilos de su narración antes interrumpida. Pero, ¿cuál es el contenido del discurso de Pedro? ¿Y qué sentido puede tener su intervención?

En primer lugar, es interesante observar que, en el proceso de discernimiento, la voz autorizada de Pedro es la primera en alzarse, pero no la única ni la última. Esto ya nos orienta hacia una definición del proceso de discernimiento comunitario —en la lógica de todos-algunos— que nunca piensa que pueda aplanar sobre *uno* —en este caso, el jefe del colegio apostólico— el sentir y el pensar de *algunos* o, incluso, de *todos*[11]. Por otra parte, su voz merece ser

---

11. A este respecto, un reciente documento dedicado al tema de la sinodalidad eclesial lo expresa así: "Esta visión eclesiológica invita a desplegar la comunión sinodal entre 'todos', 'algunos' y 'uno'. En diversos niveles y de diversas formas, en el plano de las iglesias particulares, sobre el de su agrupación en nivel regional y sobre el de la Iglesia universal, la sinodalidad implica el ejercicio del *sensus fidei* de la *universitas fidelium* (todos), el ministerio de guía del colegio de los Obispos, cada uno con su presbiterio (algunos), y el ministerio de unidad del obispo y del Papa (uno). Resultan así conjugados, en la dinámica sinodal, el aspecto comunitario que incluye a todo el pueblo de

escuchada no solo por la natural autoridad moral asociada a su función, sino también por la amplitud de su contenido y la corrección de su argumentación. Pedro, en efecto, comienza relatando su propia experiencia de anuncio del Evangelio, conocido por todos, que ha traspasado —según él, por iniciativa divina— las fronteras del mundo estrictamente judío (Hch 15,7): es una constatación, compartida por sus oyentes, vinculada a su propia experiencia personal —pero no subjetiva o individual, en el peor sentido de los términos— de anuncio. A continuación, en Hch 15,8-9, lee todo esto en clave pneumatológica, pasando del plano de la narración de la experiencia personal al plano, por así decirlo, objetivo y luego de nuevo, desde la perspectiva de los gentiles, subjetivo: a todos Dios, que conoce el corazón, les ha concedido el don de su Espíritu, para que también ellos vivan la fe. En Hch 15,10 formula, pues, la pregunta que anima el discernimiento: es una pregunta que toca —por orden— a Dios, a los demás y a uno mismo, fruto de la elaboración anterior. Por último, en Hch 15,11 esboza una profesión de fe: la finalidad del discernimiento es la experiencia del Dios vivo, que se convierte también en el criterio de una auténtica experiencia —y pertenencia— a la Iglesia.

Podríamos decir, en síntesis, que el discurso de Pedro nos da, en su contenido, una indicación válida de cómo situarnos en el proceso de discernimiento, ofreciendo también una aportación autorizada: partir de las propias experiencias de anuncio comprensibles para los demás; dibujar, desde aquí, la objetividad del don de Dios, hasta hacer emerger en los demás la subjetividad de la experiencia de Dios; hacer las preguntas adecuadas, que tocan simultáneamente a Dios, a uno mismo y a los demás (¡y nunca a una de estas realidades sin las otras!); explicitar la profesión de fe, que conecta experiencia de Dios y pertenencia eclesial, subyacente a la propia propuesta. Si la imagen de la criba es válida para expresar —como suele ser el caso— la realidad del discernimiento, incluso a nivel comunitario, podríamos decir que el discurso autoritativo de Pedro representa un excelente modelo de "criba", con una ejemplaridad que podría y debería exigirse con razón también a la autoridad eclesial.

Dios, la dimensión colegial relativa al ejercicio del ministerio episcopal y el ministerio primacial del Obispo de Roma" (COMISIÓN TEOLÓGICA INTERNACIONAL, "La sinodalidad en la vida y en la misión de la Iglesia", n. 64, en ID., *Documenti 2005-2021*, Edizioni Studio Domenicano, Bolonia 2022, 426).

Un silencio abierto a la escucha
y a la palabra "sintética" de Santiago (Hch 15,12-21)

Al discurso de Pedro le sigue un silencio significativo (Hch 15,12), dirigido no a la escucha del jefe del colegio de apóstoles, sino, una vez más, a la narración de Pablo y Bernabé; esta narración, en este punto del texto, parece surgir cada vez más como el punto de partida más adecuado para la cuestión sobre la que la Iglesia pretende discernir. Esta dinámica de palabra/silencio pone de relieve otro aspecto de gran importancia en el discernimiento comunitario: el silencio de la escucha aparece como su condición indispensable y su punto de partida, sobre todo cuando la situación podría parecer estancada. También es interesante observar que Pedro, como *líder de* la comunidad, no llama la atención sobre sí mismo: su tarea es —como hemos señalado— ofrecer un modelo de discernimiento y —por lo que ahora se desprende— crear las condiciones para escuchar y acoger lo que parece verdaderamente útil para alcanzar el objetivo. Otro silencio, por tanto, reaparece en Hch 15,13: es el de Pablo y Bernabé que, una vez terminado su relato, callan, sin pretender ocupar ellos mismos toda la escena.

El segundo gran discurso relatado por el autor de los *Hechos* es el de Santiago (Hch 15, 13-21). Él, tras una nueva invitación a la escucha, resume lo que ha surgido: tras haber puesto de relieve la armonía entre las indicaciones de Pedro y el testimonio de la Escritura, vuelve a la cuestión planteada proponiendo una solución de acuerdo, que no viola la sensibilidad común y, por otra parte, no traiciona el núcleo del Evangelio. También aquí se ofrecen algunos criterios fundamentales para el discernimiento comunitario: dejarse provocar por la indicación de la autoridad, comparándola con el testimonio bíblico —paso indispensable para llegar a una resolución—; ir a lo esencial del Evangelio, tratando no obstante de no escandalizar el sentido común.

El discernimiento como trabajo comunitario
y escritura "eclesial" (Hch 15,22-30)

En este momento, por tanto, "toda la Iglesia" vuelve a escena (Hch 15,22): la Iglesia que había decidido iniciar este proceso; la misma Iglesia que había proporcionado lo necesario para el viaje de Pablo y Bernabé (invirtiendo en el discernimiento comunitario); la misma Iglesia que los había acogido en Jerusalén (mostrando disposición y afán por vivir este proceso); la Iglesia que, ahora, acepta —de acuerdo con la autoridad de los apóstoles y ancianos— la palabra de Santiago como solución al proceso de discernimiento y, unánimemente, da continuidad a esta acogida enviando a Pablo y Bernabé, junto con otras personalidades autorizadas, al lugar donde todo comenzó: Antioquía. Es evidente, a este nivel, cómo el proceso de discernimiento, con todas sus ineludibles fatigas, fue eclesial, comunitario, de principio a fin; bien mirado, logró su propósito precisamente porque partió de una experiencia plural de la Iglesia y, tras la aparición de voces diferentes y a veces contrapuestas, volvió finalmente a esa autopercepción indefectiblemente comunitaria.

No solo: Esta Iglesia muestra su acuerdo y apoyo a los enviados mediante un documento escrito, del que parece interesante destacar algunos aspectos sobresalientes, más allá de la comunicación de la propia resolución (Hch 15,29). En primer lugar, los destinatarios (Hch 15,23-24): no todos de forma genérica, sino, en primer lugar, la parte "ofendida", es decir, los paganos; casi como queriendo decir que el interés primordial del discernimiento es —en la búsqueda de hacer lo correcto como comunidad cristiana— que nadie se sienta herido, molesto, excluido dentro de la propia Iglesia. En segundo lugar, la presentación de los enviados: Pablo y Bernabé son "hombres que arriesgaron su vida por el nombre de nuestro Señor Jesucristo" (Hch 15,26), y esto los califica de manera esencial; en otras palabras, no fue un partido o una idea lo que triunfó, sino, podríamos decir, el compromiso de dar testimonio del Señor Jesús con toda la vida, objetivo también del propio discernimiento. En tercer lugar, una doble ampliación del horizonte que sugiere no solo una modalidad, sino también una finalidad propia del discernimiento: de las personas directamente interesadas (los paganos, Pablo y Bernabé) a toda la comunidad, pasando por la compañía de Judas y Silas llamada a dar confirmación de la eclesialidad de la resolución (Hch 15,27); de la autoridad apostólica a la del Espíritu Santo, verdadero principio del discernimiento y de la vida de la comunidad cristiana (Hch 15,28).

El discernimiento comunitario, a la luz de este tercer aspecto, debe leerse no solo como un paso necesario para mediar en un conflicto inevitable e inútil, sino, más profundamente, como un proceso orientado a promover, en última instancia, la comunión eclesial y la comprensión de la obra del Espíritu. La resolución final, por tanto, debe ser correctamente recibida sobre el telón de fondo de estas coordenadas que la carta proporciona, sugiriendo los objetivos propios del discernimiento eclesial: atención a la parte "herida", criterio de testimonio, ampliación de la cuestión concreta a la comunidad y a la obra de Dios.

1.3. Un epílogo feliz: la acogida eclesial en el "todos a una"

Una última pieza preciosa, que concluye la narración de la asamblea de Jerusalén como proceso eclesial de discernimiento comunitario, la ofrece el autor en Hch 15, 31-35. Se trata de la recepción por parte de *todos* de la decisión de la que había partido el asunto: la expresa el texto mediante la manifestación de la alegría —con una noción que, en griego bíblico, alude a la propia visitación de Dios—. La comunidad ha quedado, podríamos decir, como el lugar donde habita el Señor, que es la fuente de la alegría. Este sentimiento está vinculado a otra experiencia, la de *la paráklesis*: el aliento, signo también —en el lenguaje neotestamentario— de la presencia del Señor resucitado y de su Espíritu en la vida de los individuos y de la comunidad. Es tarea de Judas y Silas, como garantes de la eclesialidad, no tanto hacer respetar la resolución comunitaria, sino salvaguardar sus efectos benéficos en la propia Iglesia (Hch 15,32): Parece que es precisamente con este fin con el que permanecen allí un tiempo, hasta que el "saludo de paz" (Hch 15,33) les asegura el restablecimiento del orden eclesial, reabriendo el camino hacia Jerusalén, a quienes les habían enviado; podemos pensarlo como una especie de "rendición de cuentas", a dar a los apóstoles y ancianos, del proceso de recepción de lo que había sido fruto del discernimiento comunitario. Pablo y Bernabé, por tanto, pueden proseguir su misión con serenidad (Hch 15,35).

La dinámica *todos-algunos-uno* parece perfectamente lograda: "todos" fueron el punto de partida del proceso de discernimiento, "algunos" se convirtieron en sus intérpretes, "uno" (Pedro, Santiago... ¡la autoridad eclesial!) intentó sintetizar sus frutos... ahora, de nuevo, "todos", a través de "algunos", se encuentran informando a "uno" (la autoridad, es decir, "los que les habían enviado") de la recepción de lo que ha madurado comunitariamente, de modo que el discernimiento comunitario puede decirse concluido... y con éxito.

2. TRES SUBJETIVIDADES QUE "ESTRUCTURAN" EL DISCERNIMIENTO COMUNITARIO: EL ESPÍRITU, LA IGLESIA, EL MINISTERIO

A partir de la narración ejemplar de *Hechos* 15, parece ahora posible destacar, de manera más sistemática, algunos elementos que podemos definir como "estructurantes" respecto al discernimiento comunitario en la Iglesia, en todas las épocas de su vida. El adjetivo elegido, en forma de participio presente, nos da inmediatamente un dato que no podemos dejar de considerar en este nivel de reflexión: los tres aspectos sobre los que nos detendremos en este apartado no son meramente "estructurales", como si fueran realidades ya dadas y en sí mismas estáticas, útiles solo para sostener el conjunto que se articula en torno a ellas —similar también a una estructura llamada a ser "estática" en sí misma—; por el contrario, ellos, como elementos "estructurantes", manifiestan —en nuestra opinión— una valencia dinámica, ya que son "dinámicos" en sí mismos y, al mismo tiempo, destinados a estructurar realidades siempre "dinámicas", es decir, capaces de resistir a los choques externos e internos que puedan crearse en diversos momentos. En otras palabras, es necesario recordar que "la estructura de toma de decisiones en la Iglesia debe convertirse cada vez más en una estructura articulada, 'polimorfa' y flexible [...]. La vida de la Iglesia hoy evoluciona constantemente y se enfrenta a los nuevos desafíos que los tiempos y las culturas le plantean"[12]. Por utilizar una imagen, el arte del discernimiento comunitario —del que brotan las decisiones eclesiales— podría compararse, en este sentido, a la capacidad —cada vez más refinada en nuestros días— de construir estructuras "antisísmicas", que se salvan de los terremotos no porque estén rígidamente construidas, sino precisamente porque

---

12. S. Noceti, "Vie di una riforma in prospettiva sinodale", en R. Luciani - S. Noceti, *Sinodalmente. Forma e riforma di una Chiesa sinodale*, Nerbini, Florencia 2022, 257.

están dotadas de esa elasticidad interna que permite modelar la estabilidad de la propia estructura en función de "frecuencias" cambiantes.

Para destacar tres elementos "estructurantes" del discernimiento comunitario, nos remitiremos al texto de Hechos 15, esta vez superando el orden narrativo propuesto por el autor. Conscientes de que "el discernimiento eclesial presupone una eclesiología dinámica" , trataremos de identificar, a partir del relato bíblico, tres principios "dinámicos" capaces de "hacer resistir" a la estructura eclesial el impacto inevitablemente asociado a todo proceso de discernimiento[13].

2.1. "Porque al Espíritu Santo y a nosotros nos pareció bien..." (Hechos 15,28)

Un primer elemento "estructurador" del discernimiento comunitario es la obra silenciosa pero indispensable del Espíritu Santo. Se trata, bien mirado, de ese principio pneumatológico redescubierto por la eclesiología contemporánea —a partir de la lección bíblica y patrística— y reconocido hoy como fuerza "estructurante" de la vida de la comunidad eclesial. En lo que respecta a nuestro discurso, llamar esa atención significa comprender hasta qué punto el espacio reconocido a la acción del Espíritu aparece como un elemento indispensable para que podamos seguir hablando de discernimiento "eclesial" —y no solo, de forma genérica, "comunitario"—. A este respecto, es lo que subraya y exhorta el *Documento final* en el párrafo dedicado al discernimiento eclesial:

> El Espíritu, que el Padre ha enviado en nombre de Jesús y que enseña todas las cosas (cf. Jn 14,26), guía en todo momento a los creyentes "a toda la verdad" (Jn 16,13). Por su presencia y acción continuas, la "Tradición, que viene de los apóstoles, progresa en la Iglesia" (DV 8). Invocando su luz, el pueblo de Dios, partícipe de la función profética de Cristo (cf. LG 12), "procura discernir en los acontecimientos, exigencias y deseos, que comparte con sus contemporáneos, cuáles son en ellos los signos verdaderos de la presencia o del designio de Dios" (GS 11). Tal discernimiento se sirve de todos los dones de sabiduría que el Señor distribuye en la Iglesia y hunde sus raíces en el *sensus fidei* comunicado por el Espíritu a todos los bautizados.

---

13. T. CITRINI, "El discernimiento en la Iglesia", en A. FUMAGALLI (ed.), *Teología del discernimiento. Fundamentos y configuraciones*, Àncora, Milán 2019, 199.

En este espíritu se debe comprender y reorientar la vida de la Iglesia sinodal misionera[14].

Ahora bien, reflexionar sobre la presencia del Espíritu Santo en la vida de la estructura eclesial implica también y sobre todo tratar de comprender, entre las diversas direcciones en las que podría orientarse el discernimiento, aquella que aparece más en sintonía con la obra de Dios en el mundo y en la historia. Aquí emerge todo el dinamismo imprevisible de este principio salvífico para la existencia de la Iglesia en la historia y en el mundo, adaptándose, a partir del corazón del mensaje evangélico, a contextos diferentes y siempre nuevos. Pero aquí surge también la necesidad de aprender a captar la dirección imprevisible de este soplo de vida, elemento estructurador del discernimiento comunitario. Si es verdad, en efecto, que el Espíritu —según la enseñanza evangélica del Señor— "sopla donde quiere y oyes su voz, pero no sabes de dónde viene ni a dónde va" (Jn 3, 8), todo el proceso de discernimiento eclesial podría entenderse en la lógica de un refinamiento cada vez mayor de la capacidad de captar las "huellas" del paso del Espíritu allí donde, a primera vista, serían imperceptibles. No se trata, pues, de una mera sintonía entre hombres y mujeres con opiniones diferentes —que esto ocurra según lógicas más o menos "autoritarias" o "democráticas" poco importa a este nivel—, sino de un intento de escuchar todos juntos la voz del Espíritu, con la certeza de que no se trata de una operación fácil, sobre todo cuando el bullicio de las voces que quieren imponerse a los demás deja poco espacio al silencio vibrante en el que ese sonido "espiritual" podría percibirse más fácilmente. En otras palabras, "no hago lo que me parece, no hacemos lo que nos parece —es demasiado poco y puede que ni siquiera sea lo correcto—, sino que queremos hacer, con Jesús y en Jesús, solo lo que el Padre quiere para el 'bien común' de todos"[15].

En este sentido, no dejaremos de repetir que todo proceso de discernimiento eclesial no puede dejar de nutrirse, como su raíz profunda de la que brota savia continuamente, en un espacio y en un estilo de oración comunitaria, y también personal, que lo sostenga y defina continuamente sus justos —aunque cambiantes y nunca rígidamente definidos— límites. En este horizonte, es decisivo recordar siempre que "el discernimiento eclesial no es una técnica organiza-

---

14. *Documento final*, n. 81.

15. P. Coda, *Discernimiento comunitario en una Iglesia sinodal*, Edizioni Qiqajon, Magnano 2022, 19-20.

tiva, sino una práctica espiritual que hay que vivir en la fe. Requiere libertad interior, humildad, oración, confianza mutua, apertura a la novedad y abandono a la voluntad de Dios"[16]. En definitiva, se trata de

> sintonizar —en el Espíritu Santo y con la gratitud sin límites propia de quien se sabe hijo en el Hijo— con la longitud de onda de la voluntad de amor del Padre. Es necesario orar, pedir, invocar el don de esta sintonía: en el proceso de discernimiento, en efecto, en presencia de Jesús resucitado que en el Espíritu penetra en los corazones e ilumina las mentes, se trata de captar la voluntad del Padre y darle palabra y acción concreta[17].

En la misma línea, el *Documento final* recomienda que en todo proceso de discernimiento eclesial "se reserve un tiempo adecuado para prepararse con la oración, la escucha de la Palabra de Dios y la reflexión sobre el tema"[18]. En este sentido, por tanto, la verdadera tragedia para una asamblea eclesial llamada a discernir sería la de fosilizarse en una lógica meramente "mundana"... desviándose del horizonte necesariamente "espiritual" en el que toda la vida de la Iglesia —y, en ella, todo auténtico proceso de discernimiento eclesial— está siempre llamada a existir.

2.2. "...toda la Iglesia..." (Hch 15,22)

Un segundo elemento "estructurante" es "la Iglesia" (así varias veces en Hch 15) y, más precisamente, "toda la Iglesia" (Hch 15,22): de hecho, el dato tradicional atestigua que "el sujeto originario del discernimiento es la Iglesia en su totalidad"[19]. A nivel concreto, sin embargo, esta toma de conciencia pone en tela de juicio la amplia subjetividad humana que protagoniza el proceso de discernimiento: la Iglesia de los rostros, de los nombres, de las personas, de los cargos, de los ministerios... "toda la Iglesia" que, como señalamos en el comentario al texto de los *Hechos de los Apóstoles*, aparece en varias ocasiones para decidir que se viva el discernimiento, para proporcionar lo necesario para que

---

16. *Documento final*, n. 82.

17. P. Coda, *Discernimiento comunitario en una Iglesia sinodal*, 19.

18. *Documento final*, n. 84.

19. M. Nardello, "Il soggetto e i soggetti del discernimento", en E. Bordello - V. Mignozzi - D. Moretto (eds.), *Il discernimento*, 155.

se realice, para acoger a los "algunos" que representan a "todos", para acoger y difundir la resolución compartida. El discernimiento, por tanto, si ha de ser eclesial, no puede prescindir de esta totalidad de la Iglesia misma, que está implicada en él como protagonista, en la subjetividad que es propia de todos y cada uno y que constituye —como es evidente— la comunidad eclesial misma.

Este "principio de totalidad presupone que la vida eclesial se define por la relacionalidad, la reciprocidad y la complementariedad"[20], perfilándose —por eso mismo— como un segundo principio "dinámico": es evidente que la Iglesia, hecha de personas —y no, en primer lugar, de instituciones fijas— tiene un aspecto continuamente cambiante, que lleva consigo tanto la mutabilidad de los rostros como la de los caminos personales que llevan a cada uno a un lugar o a otro, a una condición o a otra. La Iglesia de los sujetos es iridiscente, pero son precisamente estos sujetos iridiscentes los que dan una "estructura" al discernimiento comunitario. Es necesario, pues, tomar en serio la instancia personal que subyace a este dinamismo eclesial; y esto en una perspectiva muy concreta que queremos al menos mencionar.

Ante todo, es decisivo tomar en serio la subjetividad de cada uno, sobre todo en los rasgos que parecerían escapar a lo ya dado que es propio de la "institución": solo en la medida en que se deja espacio a cada uno y a cada una en la Iglesia, con su rica personalidad, el discernimiento adquiere profundidad y concreción. Puede observarse, en efecto, cómo en el relato de los *Hechos de los Apóstoles* no aparecen, ante todo, "papeles" eclesiales, sino personas creyentes, miembros de la comunidad: con la carga de su propio origen, de la misión que viven para la comunidad, de sus propias opiniones, de su palabra, incluso de sus sentimientos. Y, aunque también se requiere un silencio adecuado —como ya se ha puesto de manifiesto— para que el discernimiento tenga lugar, a nadie se le impide expresarse, dar voz a su insustituible subjetividad personal y eclesial. Todo miembro de la Iglesia tiene derecho a participar en el proceso de discernimiento, por el hecho mismo de estar allí: "cada uno es portador de una palabra específica en la Iglesia sinodal; cada uno es sujeto de una acción singular e insustituible para una Iglesia sinodal"[21]; esto requiere —como subraya de nuevo

---

20. R. LUCIANI, "La emergencia de una eclesialidad sinodal. Una definición más completa de la Iglesia'", en R. LUCIANI - S. NOCETI, *Sinodalmente*, 56 (cursiva en el texto).
21. S. NOCETI, "Caminos de una reforma en perspectiva sinodal", 153.

el *Documento* final— "una escucha atenta y respetuosa de la palabra de cada uno"[22]: "Cada miembro de la comunidad debe ser respetado, valorando sus capacidades y dones con vistas a la decisión compartida"[23].

Por otra parte, para que esta condición se realice y toda la Iglesia participe en el discernimiento comunitario, no es lícito disfrazarse tras roles y supuestas afirmaciones de autoridad —salvo para el servicio de apóstoles y ancianos, sobre el que volveremos enseguida—. Esto significa que una excesiva "institucionalización" de los roles en las asambleas eclesiales dedicadas al discernimiento podría anquilosar una estructura que, precisamente en la concreción de rostros y experiencias, debe permanecer por su propia naturaleza dinámica y abierta a toda confrontación. Volveremos más adelante sobre la necesaria dinámica del "todos y cada uno" que guía, como modalidad concreta, el proceso de discernimiento; pero esta realidad no puede eludir la ineludible subjetividad de ese "todos y cada uno" que, si fallara —aunque solo fuera en principio— por cualquier motivo, pondría en peligro la eclesialidad del discernimiento comunitario del que nos ocupamos.

Desde esta perspectiva, así lo recomienda el *Documento final*:

> Previendo la contribución de todas las personas implicadas, el discernimiento eclesial es a la vez condición y expresión privilegiada de la sinodalidad, en la que se viven juntos comunión, misión y participación. El discernimiento es tanto más rico cuanto más se escucha a todos. Por eso es esencial promover una amplia participación en los procesos de discernimiento, cuidando especialmente la implicación de quienes se encuentran en los márgenes de la comunidad cristiana y de la sociedad[24].

2.3. "... los apóstoles y los ancianos..." (Hechos 15,6)

Un tercer y último elemento "estructurador" del discernimiento comunitario en la Iglesia, según el relato de los *Hechos*, es la función de los apóstoles y los ancianos. Independientemente de lo que el autor bíblico quiera decir exactamente con estos dos apelativos, es evidente que lo que está en juego aquí es una

---

22. *Documento final*, n. 84.

23. *Ibid*, n. 89.

24. *Ibid*, n. 82.

subjetividad que, aunque forme parte del mucho más amplio e indispensable "nosotros" eclesial, por su servicio al discernimiento desempeña un papel propio, sobre el que es necesario detenerse de manera particular. Esto no debería parecer contradictorio con lo que se ha dicho hasta ahora; como también se desprende, de hecho, de Hch 15:

> La sinodalidad se expresa en la Iglesia católica en el marco de subjetividades diferenciadas, de ministros ordenados [...] y de laicos. Si todos ellos son reconocidos como sujetos co-constituyentes de la Iglesia y como tales co-participantes en la realización de las dinámicas sinodales (LG, c. II), lo son, sin embargo, según relaciones comunicativas, participativas y decisorias diferenciadas y asimétricas, debido a los diferentes carismas y ministerios que marcan su identidad como *christifideles*, y al diferente fundamento sacramental de su identidad específica[25].

El *Documento final*, a este respecto, también hace hincapié de manera eficaz:

> La comunidad de los discípulos convocados y enviados por el Señor no es un sujeto uniforme y amorfo. Es su Cuerpo con muchos y diversos miembros, un sujeto histórico comunitario en el que acaece el reino de Dios como "semilla y principio" al servicio de su venida en toda la familia humana. Ya los Padres de la Iglesia reflexionan sobre el carácter de comunión de la misión del pueblo de Dios a través de un triple "nada sin" (*nihil sine*): "nada sin el obispo" (San Ignacio de Antioquía, *Carta a los Tralianos*, 2,2), "nada sin vuestro consejo [de los presbíteros y diáconos] y sin el consentimiento del pueblo" (San Cipriano de Cartago, *Carta a los hermanos presbíteros y diáconos* 14,4). Cuando se rompe esta lógica del *nihil sine*, se oscurece la identidad de la Iglesia y se inhibe su misión[26].

Ya hemos señalado, en efecto, que la función específica de los ministros ordenados no es más necesaria que "todo": sin la totalidad de la comunidad eclesial no habría auténtico discernimiento. En cambio, para que el discernimiento tenga lugar —y, antes aún, para que la Iglesia se dé a sí misma— es decisivo captar la necesidad apremiante de este elemento específico.

---

25. S. Noceti, "Caminos de una reforma en perspectiva sinodal", 250.
26. *Documento final*, n. 88.

Conviene aclarar que, incluso en este caso, se trata de un elemento "dinámico": la necesidad del ministerio no implica un carácter estático de las formas que asume en la historia, vinculadas a las diversas situaciones y necesidades eclesiales; más bien, incluso la supervivencia del ministerio en la Iglesia pasa por el crisol de una incesante —aunque, a veces, fatigosa— adaptación a la mutabilidad de los tiempos. De esta capacidad de "adaptación" depende, en gran medida, el éxito del servicio que el propio ministerio pueda prestar en beneficio de la Iglesia y, dentro de ella, de los procesos de discernimiento.

Dicho esto, la presencia y actuación de ministros "oficiales" —los "apóstoles y ancianos" mencionados por el autor de los *Hechos de los Apóstoles*— que supervisan el discernimiento comunitario emerge del relato bíblico con suficiente claridad: desde el principio, queda establecido que se recurre a su autoridad para dirimir la cuestión; durante la asamblea de Jerusalén, primero Pedro y luego Santiago, en calidad de tales, elevan autoritariamente su palabra, lo que da una orientación decisiva al proceso de discernimiento; luego, de ellos, junto con los enviados, parte la carta que establece y comparte fuera de Jerusalén las resoluciones maduradas comunitariamente; finalmente, de ellos regresan los enviados, por lo que puede decirse que ese proceso queda definitivamente concluido. Desde este punto de vista, ¿cuál parece ser el papel propio e insustituible de la "autoridad" en el proceso de discernimiento eclesial?

En primer lugar, la de ser un punto de referencia dentro de la Iglesia, al que se puede recurrir —en la medida en que sea ajeno a lógicas "partidistas" de cualquier tipo— para resolver cuestiones complejas y controvertidas. En segundo lugar, la de hablar con autoridad dentro de la asamblea, es decir, dirigir el discernimiento mediante discursos que den ejemplo tanto por su contenido como por su método. A continuación, la de deliberar con autoridad en nombre de todos, resumiendo el proceso de discernimiento llevado a cabo conjuntamente y garantizando que todos, incluso fuera de la propia asamblea, acepten las resoluciones tomadas como expresión de toda la comunidad. Por último, la de presidir y supervisar el proceso de recepción de lo establecido en común, órgano al que debe darse la aceptación de las resoluciones surgidas del discernimiento comunitario. En puntos neurálgicos del proceso, por tanto, esta función parece notable; pero este precioso servicio, más profundamente, parece fundarse en una autoridad personal de los sujetos implicados que, dentro de la

Iglesia, parece ser reconocida sin vacilaciones por toda la comunidad. Junto a estos elementos que consideramos fundamentales, pues,

> la presidencia del discernimiento implica muchas cosas posibles: estimular la reflexión, leer y comentar la Palabra, defender la libertad de cada uno para expresarse, escuchar y comprender, señalar los malentendidos, perdonar las desviaciones, hacer volver al diálogo eclesial a las ovejas silenciadas no por una opción contemplativa, sino por rencores, sufrimientos no bien atendidos y, finalmente, por esos demonios sordomudos que Jesús cazó con energía divina[27].

Podríamos decir, por tanto, que otro elemento "estructurador" del discernimiento comunitario es la presencia de ministros ordenados que acompañen autoritariamente —en el sentido esbozado hasta aquí— cada etapa del mismo, para que pueda llevarse a buen término; a ellos corresponde, en última instancia, "la formulación [...] del consenso alcanzado y su presentación a todos los participantes, para que manifiesten si se reconocen o no en él"[28]. A tal fin, por tanto, para evitar el peligro de aparecer —de forma más o menos evidente— como una traición a la subjetividad de "todos", "esta tarea de los pastores exige, ante todo, que se alimenten diariamente de la fe creída y vivida por sus comunidades y marcada por sus culturas, sus historias y los carismas de las personas que las componen"[29]. En una perspectiva más amplia, por tanto, el *Documento final* señala la importancia de fomentar, en el proceso de discernimiento, una cierta "reciprocidad entre la asamblea y quienes la presiden, en un clima de apertura al Espíritu y confianza mutua, en busca de un consenso lo más unánime posible"[30].

---

27. T. CITRINI, "El discernimiento en la Iglesia", 210-211.

28. *Documento final*, n. 84.

29. M. NARDELLO, "El sujeto y los sujetos del discernimiento", 162.

30. *Documento final*, n. 90.

3. CINCO "TAMICES" PARA UN BUEN DISCERNIMIENTO ECLESIAL: REALIDAD, NARRACIÓN, ESCRITURA, ESENCIALIDAD, ALEGRÍA

En el apartado anterior hemos intentado aclarar los elementos "estructurantes" del discernimiento comunitario, partiendo del relato de Hechos 15.

Ahora, a partir del mismo texto bíblico que hemos tomado como paradigma del discernimiento eclesial, tratemos de captar algunas indicaciones importantes del método para que el proceso de discernimiento se realice con éxito en la Iglesia.

3.1. "... para examinar este asunto" (Hch 15,6): el criterio de la realidad

Desde las primeras líneas del texto, se capta una indicación valiosa: el discernimiento se activa en el momento en que surge un "problema", es decir, una cuestión controvertida que corre el riesgo de provocar incluso enfrentamientos en la comunidad, debido a la presencia de opiniones divergentes. No pasemos rápidamente por alto esta primera observación, que puede parecer incluso trivial: el discernimiento no es una realidad artificial, que se crea *ad hoc*, tal vez "inventando" problemas o hipotetizando cuestiones; lo que se está llamado a discernir ya viene dado por los motivos de tensión comunitaria, no hay que buscarlo ni soñarlo a partir de ideas o predicciones. En otras palabras, discernir comunitariamente significa buscar soluciones reales a problemas reales que perturban la vida de la Iglesia: la realidad constituye, pues, el primer "tamiz" por el que está llamado a pasar el discernimiento eclesial para ser auténtico.

Más bien parece ocurrir hoy lo contrario: a veces se desencadenan procesos de discernimiento —¡porque *tienen que desencadenarse*!— sin que esté claro el objeto a discernir juntos —no por casualidad, quizá, el *Documento final* pide una "presentación clara del objeto del discernimiento"[31]—; y, muchas veces, ocurre incluso que los procesos "oficiales" de discernimiento comunitario tocan poco menos que los temas realmente relevantes y controvertidos, que asoman en algunas asambleas solo esporádicamente y, a menudo, solo por un "exceso de celo" de algunos miembros de la asamblea o, por otra parte, por una especie de "descontrol" de quienes supervisan su funcionamiento. La cuestión del auténtico discernimiento, en cambio, viene dada, de vez en cuando, precisamente por lo que aparece como particularmente controvertido; de ahí que el proceso de discernimiento no surja como una especie de "superestructura" eclesial, sino, más bien, como el único camino que necesariamente hay que recorrer para que la comunidad siga encontrándose como tal incluso ante cuestiones complejas y no "pacíficas".

Por último, que una asamblea como la de Jerusalén —o como nuestras asambleas eclesiales de hoy— se convoque solo para tratar un tema no debe extrañar: el discernimiento es preciso y, puesto que requiere la palabra, la escucha y el compromiso de todos, debe activarse como un proceso específico siempre que la importancia y la urgencia de un asunto lo exijan. En este sentido, podríamos decir que el discernimiento comunitario no es, en la Iglesia, un acontecimiento o una cita esporádica y oportuna, sino más bien un *estilo* que hay que adoptar cuando se afrontan asuntos complejos y controvertidos.

3.2. "... escuchaban a Bernabé y a Pablo contar las grandes señales y prodigios que Dios había hecho entre las naciones por medio de ellos" (Hch 15,12): la importancia de la narración

Una segunda indicación metodológica, en la vivencia del proceso de discernimiento eclesial, viene dada por la reiterada indicación "narrativa" que se desprende de la narración —como aparece claramente, entre otras recurrencias, en Hch 15,12, inmediatamente después del discurso de Pedro que aborda precisamente esta perspectiva—. Ya lo hemos dicho bastante: el discernimiento, aunque parta de la conciencia de ideas y opiniones divergentes, no consiste en primer lugar en aunar —o enfrentar— esas ideas, sino en tratar de compartir narraciones de lo que uno atestigua en primera persona con respecto a la obra

---

31. *Ibid*, n. 84.

que Dios está realizando en la historia. La capacidad narrativa es un segundo "tamiz" en el proceso de discernimiento.

Es lo que hacen Bernabé y Pablo, pero es también lo que cada uno de nosotros podría y debería hacer cuando juntos, como Iglesia, estamos llamados a discernir sobre cuestiones concretas: compartir nuestras experiencias de anuncio del Evangelio sobre lo que nos ocupa, porque cualquier otro tipo de toma de palabra sería superflua y a veces incluso contraproducente. Las ideas —aparte de las iniciales que requieren, como mínimo, someterse a una forma de *epoché* al escuchar a los demás— han de madurarse juntos tras compartir experiencias en las que uno sea capaz de reconocer el paso del Espíritu que sigue sembrando la semilla de la Buena Noticia.

Esta indicación metodológica sobre el proceso de discernimiento interpela a cada miembro de la estructura eclesial en dos capacidades: la de quien comparte experiencias personales o ideas maduradas a partir de ellas y, por otra parte, la de quien sabe escuchar con paciencia y confianza los relatos de los demás, despejando el terreno de prejuicios que invalidarían la escucha misma o, al menos, la harían superflua e inútil. Con respecto al primer punto, urge una cierta educación para hablar en asamblea: compartir partiendo de uno mismo, relatando hechos que nunca son exhaustivos ni absolutos, y sugiriendo conclusiones que, en la medida en que se extraen de la experiencia personal, son tan reales como necesaria y conscientemente parciales. En cuanto al segundo aspecto, por otra parte, ya se ha insistido mucho en la importancia de aprender el arte de la escucha, para que sea cada vez más activa, acogedora, disponible... en una palabra, auténtica. En última instancia, la asamblea sinodal que discierne solo es verdaderamente tal cuando "cada uno, hablando según su conciencia, está abierto a escuchar lo que los demás comparten en conciencia, para tratar de reconocer juntos 'lo que el Espíritu dice a las Iglesias' (Ap 2,7)"[32].

3.3. "Con esto concuerdan las palabras de los profetas..." (Hch 15,15): la referencia a la Escritura

En el discurso de Santiago, pues, podemos captar otra indicación metodológica para que el proceso de discernimiento eclesial se realice realmente como

---

32. *Ibid*, n. 82.

tal: confrontar nuestras narraciones con lo que dice la Escritura. Muchas veces, en efecto, nos preguntamos: ¿cómo captar la voz del Espíritu entre tantas narraciones? Un criterio es precisamente el de la concordancia con el testimonio de la Escritura que, en un proceso de discernimiento eclesial, es referencia indispensable y "tamiz" insustituible. Entre otras indicaciones valiosas, no es casual que el *Documento final* recuerde que "para que el discernimiento sea efectivamente 'eclesial', es necesario valerse de los medios necesarios, entre los cuales una adecuada exégesis de los textos bíblicos que ayude a interpretarlos y comprenderlos, evitando enfoques parciales o fundamentalistas"[33].

De hecho, incluso de la referencia de Santiago se desprende claramente una cosa: no tendría sentido captar el testimonio bíblico en la lógica de *los dicta probantia*, es decir, asumiendo un solo versículo o un puñado de versículos escriturísticos para fundamentar la propia idea; se trata más bien de captar los motivos subyacentes que emergen de la atestación escriturística de la revelación divina, proponiendo una comparación —por así decirlo— "amplia" entre las páginas de la actualidad eclesial y las de la propia Escritura.

En cualquier caso, tal paso se impone como necesario en el discernimiento eclesial: partir de los problemas reales, explicitar —como sucede en Hch 15— las propias opiniones iniciales, y dejar que —tras la narración de la experiencia vivida en el anuncio del Evangelio— el testimonio bíblico sea el tercer "tamiz" por el que se filtren los pensamientos e ideas personales.

3.4. "...no se impongan otra obligación que estas cosas necesarias..." (Hch 15,28): la búsqueda de lo esencial

Una cuarta indicación metodológica procede de las palabras tomadas de Hch 15,28, en la carta entregada a los enviados para difundir la resolución común de la Iglesia. Más allá del contenido preciso aquí referido, se trata de un principio que encuentra significativa explicitación en aquel axioma tantas veces citado al hablar de la necesaria concordia eclesial, sobre todo cuando se trata de situaciones controvertidas: *in necessariis unitas, in dubiis libertas, in omnibus caritas*. La sabiduría del discernimiento no puede dejar de pasar por este ulterior "tamiz" que consiste en la capacidad de aprender a distinguir entre lo

---

33. *Ibid*, n. 85.

necesario —sobre lo que hay que mantener la unidad— y lo dudoso —respecto a lo que se puede y debe preservar un cierto espacio de libertad—, sobre la base ineludible de ese amor cristiano que todo lo supera y salvaguarda.

Una vez más, muchas dificultades en los actuales procesos de discernimiento eclesial —como ha sucedido en el pasado de la historia eclesial, en muchas circunstancias— parecen depender precisamente de la incapacidad de distinguir las realidades "necesarias" de otras que, con respecto a la vida comunitaria, más bien podrían caer bajo el epígrafe de las simplemente "dudosas". Quien vela por esta distinción es, en nuestra opinión, precisamente esa *caritas* que se exige, en todo caso, al cristiano.

Otro criterio que, a modo de "tamiz", orienta el discernimiento podría, por tanto, expresarse con la siguiente pregunta: en esta cuestión, que probablemente parece difícil —si no imposible— de resolver sin ambigüedades, ¿qué es lo estrictamente necesario para los fines de la vida cristiana y eclesial? Pensar en la uniformidad sobre todo —más que en la caridad sobre todo, como sugiere la expresión latina antes citada— significaría, en última instancia, pretender afirmar relaciones de fuerza en las que alguien tendría, necesariamente, que sucumbir. Por el contrario, hay que recordar siempre que la finalidad del discernimiento eclesial "no es nunca la afirmación de un punto de vista personal o de grupo, ni se resuelve en la mera suma de opiniones individuales"[34]; requiere, más bien, la paciencia comunitaria para llegar, respecto a lo necesario, a una resolución compartida.

3.5. "... se regocijaban por el aliento que les daba" (Hch 15,31): la experiencia de la alegría

Finalmente, el epílogo de la asamblea de Jerusalén nos ofrece un último criterio precioso en el proceso de discernimiento eclesial, obtenido de ese proceso de recepción que, en la reflexión más reciente, se ha revelado en toda su importancia y pide ser considerado seriamente aquí. También en este caso podríamos formularlo como pregunta: ¿qué efecto produce la resolución hacia la que se orienta la asamblea en su discernimiento? Esto significa que la bondad de un proceso de discernimiento se juzga también a partir de sus resultados, que

---

34. *Ibid*, n. 82.

no son abstractos, ni meramente cuantitativos, sino —podríamos decir— cualitativos, que pueden leerse en la mente del pueblo de Dios que debe aceptar decisiones o propuestas. A este respecto, el *Documento final* subraya también que, en el proceso de discernimiento, "la búsqueda del consenso más amplio posible [...] surgirá a través de lo que más hace arder los corazones (cf. Lc 24,32), sin ocultar los conflictos y sin buscar compromisos a la baja"[35].

Volviendo atrás, en efecto, se trata de tomar este objetivo como orientación en el discernimiento: desde el comienzo mismo del relato de *Hechos* 15, en efecto, queda claro que algunos modos de actuar solo provocan disgusto y agitación en quienes buscan sinceramente al Señor, mientras que otros producen aliento en esta búsqueda de Dios, tranquilizan, consuelan. Por eso, en todas las fases del proceso de discernimiento hay que recordar con claridad que el objetivo último de todo discernimiento comunitario es conseguir que quienes en la comunidad han experimentado escándalo o dificultad por cualquier motivo, sintiéndose marginados, juzgados o cargados injustamente con algún peso insoportable, puedan encontrar alivio y redescubrir con alegría su sentido de pertenencia al Señor y a la Iglesia. Perder de vista este horizonte sería perder el fin último y el auténtico sentido del discernimiento comunitario en la Iglesia: este pretende, en todo caso, unir a la comunidad cristiana, incluso a través de la fatiga de tensiones insoportables, sobre todo a partir de la inclusión de los más heridos o excluidos, por diversos motivos.

Los posibles —y previsibles— efectos sobre las personas —y, en particular, sobre los "últimos"— de las distintas ideas y orientaciones constituyen, en última instancia, un "tamiz" final indispensable para cribar las propuestas que inevitablemente se presentan en el proceso de discernimiento eclesial.

---

35. *Ibid*, n. 84.

4. CONCLUSIONES
EL DISCERNIMIENTO COMUNITARIO "EN EL CORAZÓN" DE LA SINODALIDAD ECLESIAL

El ejercicio del discernimiento está en el centro de los procesos y acontecimientos sinodales. Siempre ha sido así en la vida sinodal de la Iglesia. La eclesiología de comunión y la espiritualidad y praxis específicas que de ella se derivan, implicando a todo el pueblo de Dios en la misión, hacen "hoy más necesario que nunca (...) educarse en los principios y métodos de un discernimiento no solo personal, sino también comunitario"[36]. Se trata de identificar y recorrer como Iglesia, mediante la interpretación teológica de los signos de los tiempos bajo la guía del Espíritu Santo, el camino a seguir al servicio del plan de Dios realizado escatológicamente en Cristo que quiere realizarse en cada *kairós* de la historia.

Con estas palabras, la Comisión Teológica Internacional relanzó, en 2018, la necesidad de aprender cada vez más el arte del discernimiento comunitario, para que la fisonomía de la Iglesia brille en su naturaleza auténticamente sinodal. Como subraya el *Documento final*, "si es cierto, en efecto, que la sinodalidad define el modo de vivir y operar que califica a la Iglesia, indica al mismo tiempo una práctica esencial en el cumplimiento de su misión: discernir, alcanzar el consenso, decidir mediante el ejercicio de las diferentes estructuras e instituciones de la sinodalidad"[37]; en otros términos —que tomamos del mismo texto—, "la sinodalidad [...] implica una profunda conciencia vocacional y misionera, fuente de un estilo renovado en las relaciones eclesiales, de nuevas dinámicas participativas y de discernimiento eclesial"[38].

En el contexto actual, por tanto, el intento de afrontar las provocaciones planteadas por la narración de Hch 15, que hemos tratado de reavivar en esta contribución, es más que una *oportunidad*: abre un camino obligado para nuestra Iglesia, llamada hoy a tal sinodalidad.

---

36. Comisión Teológica Internacional, "Synodality in the Life and Mission of the Church", n. 113, 452.

37. *Documento final*, n. 87.

38. *Ibid*, n. 141.

SEGUNDA PARTE
INICIACIÓN A LA SINODALIDAD

por SERENA NOCETI

UN CAMINO
PARA RECORRER JUNTOS

La iniciación a la sinodalidad pasa por tres vías interconectadas.

En primer lugar, pide a cada cristiano, especialmente a los agentes de pastoral (ministros ordenados y laicos) que reflexionen sobre sí mismos para madurar una visión más clara y una adhesión más profunda a ser una iglesia sinodal (conversión sinodal). En segundo lugar, es necesario aprender juntos qué es la sinodalidad como forma de vivir y operar como Iglesia, suscitando nuevas experiencias marcadas por un estilo sinodal, y reflexionar juntos para remodelar el rostro de la comunidad y la acción pastoral en esta perspectiva (renovación eclesial en perspectiva sinodal). En tercer lugar, es necesario trabajar con valentía y creatividad para iniciar estructuras y procedimientos sinodales adecuados a la visión eclesial del Vaticano II (reforma de las estructuras).

1. CONVERSIÓN SINODAL
PARA LA REFLEXIÓN PERSONAL

Esta primera ficha está pensada para un momento de reflexión personal (o de dos o tres personas): nos permite profundizar en los conceptos teológico-pastorales de este Cuadernillo *a partir de la escucha de la realidad, de la Palabra de Dios y de los documentos magisteriales sobre la sinodalidad. El objetivo es acompañar la conversión sinodal: qué necesitamos cambiar de mentalidad, qué resistencias interiores debemos vencer, qué falsas ideas debemos abandonar, qué recursos y habilidades debemos compartir.*

1.1. Oración al Espíritu Santo –
CARLOS MESTERS

Ven, Espíritu Santo,
llena nuestras mentes con tu luz
para comprender el verdadero significado de tu palabra.

Ven, Espíritu Santo,
enciende en nuestros corazones el fuego de tu amor
para inflamar nuestra fe.

Ven, Espíritu Santo,
llena nuestra persona con tu fuerza
para revigorizar lo que es débil en nosotros
en nuestro servicio a Dios.

Ven, Espíritu Santo,
con el don de la libertad,
para liberar nuestros miedos
que nos impiden amar a Dios y al prójimo.

1.2. Una primera reflexión sobre mi vida

1. Cuando en la comunidad o en la parroquia me invitan a participar en las decisiones que se toman por el bien de todos, ¿me siento implicado? ¿Sé que soy un participante activo en la vida de la comunidad?

2. ¿Qué dones específicos (de experiencia, sabiduría, pericia) puedo aportar a la vida de mi comunidad cristiana?

3. Si pertenezco a una comunidad religiosa, ¿qué aportación concreta podemos hacer al discernimiento eclesial desde nuestro carisma y nuestras experiencias de "toma de decisiones"?

4. ¿Qué resistencia a la participación activa veo en mí mismo? ¿Qué límites debo superar?

1.3. Para saber más: *Documento final* del Sínodo 2021-24, nn. 82-83

82. El discernimiento eclesial no es una técnica organizativa, sino una práctica espiritual que hay que vivir en la fe. Requiere libertad interior, humildad, oración, confianza mutua, apertura a la novedad y abandono a la voluntad de Dios. No es nunca la afirmación de un punto de vista personal o de grupo, ni se resuelve en la simple suma de opiniones individuales; cada uno, hablando según su conciencia, está abierto a escuchar lo que los demás comparten en conciencia, para buscar juntos reconocer "lo que el Espíritu dice a las Iglesias" (Ap 2,7). Contemplando la contribución de todas las personas implicadas, el discernimiento eclesial es a la vez condición y expresión privilegiada de la sinodalidad, en la que comunión, misión y participación se viven juntas. Cuanto más se escuche a todos, más rico será el discernimiento. Por eso es esencial promover una amplia participación en los procesos de discernimiento, cuidando especialmente la implicación de quienes se encuentran en los márgenes de la comunidad cristiana y de la sociedad.

83. La escucha de la Palabra de Dios es el punto de partida y el criterio de todo discernimiento eclesial. La Sagrada Escritura, en efecto, testimonia que Dios ha hablado a su pueblo, hasta darnos en Jesús la plenitud de toda la Revelación (cf. DV 2), e indica los lugares donde podemos escu-

char su voz. Dios se comunica con nosotros ante todo en la liturgia, porque es Cristo mismo quien habla "cuando en la Iglesia se lee la Sagrada Escritura" (SC 7). Dios habla a través de la Tradición viva de la Iglesia, de su Magisterio, de la meditación personal y comunitaria de la Escritura y de las prácticas de piedad popular. Dios sigue manifestándose a través del clamor de los pobres y de los acontecimientos de la historia humana. De nuevo, Dios se comunica con su pueblo a través de los elementos de la creación, cuya existencia misma remite a la acción del Creador y está llena de la presencia del Espíritu vivificador. Por último, Dios habla también en la conciencia personal de cada uno, que es "el núcleo más secreto y el sanctasanctórum del hombre, donde está a solas con Dios, cuya voz resuena en su propia intimidad" (GS 16). El discernimiento eclesial exige el continuo cuidado y formación de las conciencias y la maduración del *sensus fidei*, para no descuidar ninguno de los lugares donde Dios habla y sale al encuentro de su pueblo.

1.4. Preguntas para un discernimiento comunitario

1. ¿Cómo me estoy formando para poder participar en el "discernimiento comunitario"?

2. ¿Mi comunidad parroquial, mi comunidad religiosa, mi diócesis me ofrecen encuentros y formación en discernimiento comunitario?

3. ¿Qué voces debemos escuchar con más atención como comunidad cristiana? ¿Qué voces excluimos del diálogo y la investigación en común?

1.5. Para más información: una reflexión sobre el discernimiento

CONFERENCIA EPISCOPAL ITALIANA,
documento *La fuerza de la reconciliación* (1984)

El discernimiento es el modo espiritual y pastoral, personal y comunitario, de reconocer, acoger y poner en práctica la voluntad de Dios [...] discernir significa hacerse sensible a la acción del Espíritu Santo en la comunidad de los hombres de hoy, favorecer aquellas realidades y procesos que parecen movidos por el Espíritu de Dios, y desenmascarar y oponerse a aquellas realidades y procesos culturales que parecen contrarios al espíritu evangélico [...] Expresa la dinámica propia del acto de fe: es una lectura cristológica de la realidad bajo el influjo del Espíritu Santo [...].[39]

1.6. Concluye rezando el Salmo 119, 97-106

¡Cuánto amo tu ley!
todo el día la estoy meditando;
tu mandato me hace más sabio
que mis enemigos,
siempre me acompaña;
soy más docto que todos mis maestros,
porque medito tus preceptos.

Soy más sagaz que los ancianos,
porque cumplo tus mandatos;
aparto mi pie de toda senda mala,
para guardar tu palabra;
no me aparto de tus mandamientos,
porque tú me has instruido.

¡Qué dulce al paladar tu promesa:
más que miel en la boca!
Considero tus mandatos,
y odio el camino de la mentira.

Lámpara es tu palabra para mis pasos,
luz en mi sendero;
lo juro y lo cumpliré:
guardaré tus justos mandamientos.

---

39. CEI, *La fuerza de la reconciliación*, 3.2.1, en ECEI 3/2100.

2. RENOVACIÓN DE LA VIDA ECLESIAL
EN PERSPECTIVA SINODAL

PARA UN CONSEJO PASTORAL O UN EQUIPO DE COORDINACIÓN O UNA COMUNIDAD RELIGIOSA

Queremos aprender a realizar un adecuado discernimiento comunitario como parroquia o comunidad religiosa.

La reunión se introduce con una breve presentación del discernimiento comunitario tal como se presenta en un documento de la Conferencia Episcopal Italiana, Con il dono della carità dentro la storia (26.5.1996), nº 21.

> Como expresión dinámica de la comunión eclesial y método de formación espiritual, de lectura de la historia y de planificación pastoral, [...] se recomendó vivamente el discernimiento comunitario. Para que sea auténtico, debe incluir los siguientes elementos: docilidad al Espíritu y búsqueda humilde de la voluntad de Dios; escucha fiel de la Palabra; interpretación de los signos de los tiempos a la luz del Evangelio; valoración de los carismas en el diálogo fraterno; creatividad espiritual, misionera, cultural y social; obediencia a los Pastores, cuya tarea es disciplinar la búsqueda y dar la aprobación final. Así entendido, el discernimiento comunitario se convierte en escuela de vida cristiana, camino para desarrollar el amor mutuo, la corresponsabilidad, la inserción en el mundo, a partir del propio territorio. Construye la Iglesia como comunidad de hermanos y hermanas, de igual dignidad, pero con dones y tareas diferentes, configurando una figura que, sin desviarse hacia democratismos y sociologismos impropios, sea creíble en la sociedad democrática actual.
>
> Es una práctica a difundir a nivel de grupos, comunidades educativas, familias religiosas, parroquias, áreas pastorales, diócesis y también más

ampliamente. Los responsables de las comunidades cristianas deben profundizar en su significado y en la manera de promoverla como guías espirituales y pastorales autorizados, educadores sabios y comunicadores.

Se presentan los pasos necesarios y las disposiciones internas, tal y como se recoge en el *Documento final* del Sínodo 2024, n. 84

Las etapas del discernimiento eclesial pueden articularse de diferentes maneras, según los lugares y las tradiciones. También sobre la base de la experiencia sinodal, es posible identificar algunos elementos clave que no deberían faltar:

(a) la presentación clara del objeto de discernimiento y el suministro de información e instrumentos adecuados para su comprensión;

b) un tiempo adecuado para prepararse con la oración, la escucha de la Palabra de Dios y la reflexión sobre el tema;

c) una disposición interior de libertad con respecto a los propios intereses, personales y de grupo, y un compromiso con la búsqueda del bien común;

d) una escucha respetuosa y profunda de las palabras del otro;

e) la búsqueda del consenso más amplio posible, que surgirá a través de aquello que más "hace arder los corazones" (cf. Lc 24, 32), sin ocultar los conflictos y sin buscar compromisos que lo rebajen;

f) la formulación, por parte de quienes dirigen el proceso, del consenso alcanzado y su presentación a todos los participantes, para que puedan expresar si se reconocen o no en él.

Procede entonces realizar un discernimiento eclesial ayudado también por las siguientes indicaciones:

I. En primer lugar, el coordinador laico del consejo pastoral o el superior/superiora de la comunidad religiosa presenta la cuestión sobre la que realizar un discernimiento comunitario. Se exponen las razones que han suscitado el debate, las peticiones que han llegado de algunos miembros de la comunidad, etc. Se invoca conjuntamente al Espíritu Santo.

II. Se recaba información para profundizar en el tema en cuestión, dando la palabra a todos y, si es necesario, escuchando la aportación de personas expertas en la materia. Se intenta identificar el problema fundamental, el núcleo de la cuestión, el cruce más importante.

III. Se identifican distintas posibilidades de acción e intervención, preguntándose "¿cómo nos está llevando el Espíritu Santo a la renovación?". Es un momento de gran creatividad en el que todos pueden aportar su contribución y, en particular, los jóvenes podrán orientar con la libertad, la creatividad, el sentido de la novedad y la esperanza propios de su edad. Se intenta evaluar qué propuestas son realmente factibles y reflexionar sobre las consecuencias que podrían derivarse de cada elección/propuesta: en este segundo paso, la experiencia de los adultos puede ser especialmente pertinente.

IV. A continuación, se buscan criterios evangélicos que deben tenerse en cuenta para llevar a cabo el discernimiento. Se pueden recordar episodios, textos y versículos bíblicos que deben guiar la comprensión de la realidad/tema y de las posibles opciones. En particular, los ministros ordenados (presbíteros y diáconos, el párroco) pueden centrarse en algunos elementos indispensables.

V. La comunidad se expresa, a la luz de estos criterios evangélicos, sobre las distintas propuestas, definiendo públicamente, si es necesario, la opinión de cada uno con un voto. A continuación se escuchan las razones de la minoría que no ha dado un voto positivo y se intenta madurar, a la luz de las objeciones de la minoría, un consenso más amplio.

VI. Quien preside la asamblea o comunidad define el punto común de consenso alcanzado y, si es necesario, toma una decisión, justificándola a la luz del camino recorrido juntos.

VII. A continuación se decide cómo aplicar la decisión, cómo darla a conocer a toda la comunidad, cuándo y cómo evaluar su aplicación, etc.

VIII. Se concluye con una oración.

3. REFORMA PASTORAL
TRES PROPUESTAS

Para que madure una adecuada forma sinodal de Iglesia y para que la sinodalidad sea el modus vivendi et operandi de la comunidad eclesial, es esencial trabajar para crear nuevas estructuras que apoyen el camino de formación de todos hacia la sinodalidad y la realización concreta de la acción sinodal.

3.1. Primera propuesta

Para que el discernimiento pastoral en la parroquia y en la diócesis se adapte siempre al tiempo presente, con sus rápidos cambios, y al contexto local específico, se puede crear un **observatorio de la realidad social y socio-religiosa** que elabore análisis actualizados de la realidad de la diócesis y ofrezca herramientas para el discernimiento en las parroquias sobre cuestiones pastorales, presencia en el territorio, etc.

3.2. Segunda propuesta

Cada año, las oficinas diocesanas y el CPD publican un **documento** breve y conciso **sobre la situación social, económica, cultural y eclesial** que se entrega a las parroquias, asociaciones, comunidades religiosas, etc., para que los datos puedan ser utilizados en el discernimiento pastoral y en la elaboración del plan pastoral diocesano y parroquial.

3.3. Tercera propuesta

Cada cuatro años, los consejos pastorales parroquiales (y los consejos pastorales zonales/decanales, si existen) llevan a cabo un proceso de **discernimiento** para indicar las características que debería tener el "**vicario de pastoral**" de la diócesis (y el vicario zonal), e indicar posibles nombres de presbíteros que podrían asumir este servicio (dando las razones por las que se indica a esta persona en concreto). Todo el material se entrega confidencialmente al obispo, que nombra al "vicario para la pastoral de la diócesis", teniendo en cuenta también lo que ha surgido en el discernimiento eclesial.

BIBLIOGRAFÍA

Escanea este código QR
para acceder a la Biblioteca
de Sinodalidad.

ALBURQUERQUE, E., *El discernimiento cristiano. Fundamentos y práctica*, Editorial CCS, Madrid 2018.

BORDELLO, E. - MIGNOZZI, V. - MORETTO, D. (eds.), *Discernimiento. Significados, modelos, procesos*, Edizioni Camaldoli, Camaldoli 2018.

CATALÁ, T. - BONÉ, I., "Disposiciones personales ante el discernimiento comunitario", *Manresa* 90 (2018) 49-62.

CODA, P., *Chiesa sinodale nell'oggi della storia. La via del discernimento* comunitario, Città Nuova, Roma 2022.

CODA, P., *El discernimiento comunitario en una iglesia sinodal*, Edizioni Qiqajon, Magnano 2022.

FUMAGALLI, A., *Teología del discernimiento. Fundamentos y configuraciones*, Àncora, Milán 2019.

GALLI, C. M., "La 'Iglesia sinodal' según el Papa Francisco. Escucha recíproca, discernimiento comunitario, desborde del Espíritu", *Medellín* 48 (2022) 503-563.

LUCIANI, R. - NOCETI, S., *Sinodalmente. Forma e riforma di una Chiesa sinodale*, Nerbini, Florencia 2022.

MATEO, A. (ed.), *Discernimiento. "¿No sabéis valorar este tiempo?" (Lc 12,56)*, Urbaniana University Press, Ciudad del Vaticano 2018.

McCAUGHEY, M., "A Listening Church on the Synodal Pathway: Discernment and Decision-Making in Communion", *New Blackfriars* 104 (2023) 526-548.

ORSY, L., *Discernment: Theology and Practice, Communal and Personal*, Liturgical Press, Collegeville 2020.

PELLITERO, R., "Sobre el discernimiento eclesial", *Roczniki Teologiczne* 68 (2021) 87-104.

GUERRERO ALVES, J. A. - MARTÍN LÓPEZ, O., *Conversación espiritual, discernimiento y sinodalidad*, Sal Terrae, Santander 2023.

ÚNETE A LA
"RED DE EXPERIENCIAS Y PRÁCTICAS SINODALES"

Hemos creado la **"Red de Experiencias y Prácticas Sinodales"**, un espacio destinado a compartir y celebrar las búsquedas y aprendizajes de cada comunidad. Este es un lugar donde podemos inspirarnos mutuamente, contagiarnos de esperanza y motivarnos a seguir avanzando.

En esta red, todos podemos aportar y aprender. Queremos escuchar tu voz y conocer las prácticas sinodales que has implementado en tu comunidad. Ya sea una pequeña iniciativa local o un proyecto más amplio, cada experiencia tiene el potencial de enriquecer a otros y de impulsar aún más el camino sinodal.

Te invitamos a unirte a esta red de intercambio y apoyo mutuo. Escanea el código QR y comparte tu experiencia completando el formulario. Tu historia puede ser el aliento que otra comunidad necesita para continuar su propio camino de renovación.